AF267773

NAPOLÉON

AUX CHAMPS-ÉLYSÉES,

OU LA

POLITIQUE DE LA FRANCE

JUGÉE SUR LES SOMBRES BORDS;

Par L. Gambet.

PARIS,

CHEZ TOUS LES LIBRAIRES.

—

IMPRIMERIE DE STAHL, QUAI SAINT-MICHEL, 15,

1835.

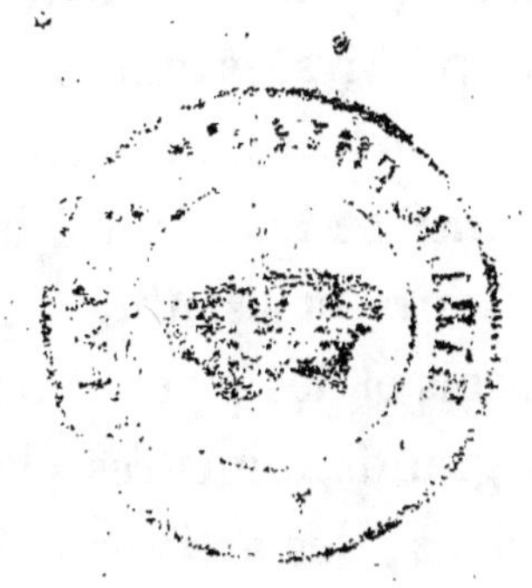

NAPOLÉON

AUX

CHAMPS-ÉLYSÉES.

L'arrivée de Napoléon aux Champs-Élysées y a excité une commotion semblable à celle que produisit son séjour sur le Globe. Toutes les grandes renommées voulurent voir ce nouvel hôte ; on brûlait de savoir de quel côté il irait prendre place.

Dans les Champs-Élysées chaque classe de grands hommes a son quartier : un délicieux bosquet les sépare toutes : ainsi se trouvent à la suite et séparément, les législateurs et les philosophes, les papes et les pontifes, les rois et les princes, les despotes et les conquérans ; les grands ministres, les poètes, les orateurs, les historiens, les artistes célèbres ; et dans le fond, sur un vaste amphithéâtre, la foule innombrable des bons citoyens, des bons pères de famille.

Dans laquelle de ces classes ira se placer Napoléon ? Il est arrivé dans ce séjour fortuné, dégagé de toutes

.es fausses idées de gloire et de grandeur ; là, tous les prestiges, toutes les illusions ont disparu. Tous ces hauts-faits qui, sur notre Globe, excitaient à un degré si élevé l'admiration et l'enthousiasme, sont appréciés à leur véritable valeur. Aussi, notre héros, usant de cette adroite politique qui le distingua toujours, n'a adopté exclusivement aucune classe : il visite tour à tour les législateurs, les philosophes, les rois et les conquérans Suivons-le dans ses visites, ses entretiens.

Les plus belles leçons, ce sont les morts qui sont à même de les donner aux vivans.

Premier Entretien.

Napoléon, Solon et Lycurgue.

NAPOLÉON.

Salut, aux législateurs de la Grèce : je brûlais de voir les deux mortels, dont la gloire si belle et si pure a traversé les siècles ; les véritables bienfaiteurs de l'humanité sont ceux qui lui ont donné des institutions et des lois sages. Aussitôt que j'arrivai au pouvoir, ma première pensée fut de réformer le code barbare qui régissait depuis long-temps la France. C'est à Athènes, c'est à Rome, aussi bien que dans les savantes productions de la philosophie du XVIIIᵉ siècle, que nous avons été chercher les matériaux précieux qui ont servi à élever le grand édifice de nos lois.

SOLON.

L'acte le plus glorieux de votre règne est la création de ce beau code : il n'a coûté ni pleurs, ni sang, et il durera autant que le monde. Nous avons ici beaucoup de peine à concevoir comment le génie tutélaire, conservateur, qui a tant contribué à la rédaction de ces lois si sages, pouvait aimer aussi passionnément un art dévorant, destructeur de l'espèce humaine.

NAPOLÉON.

La gloire a pu facilement enivrer une tête jeune, ardente, que tout semblait inviter à tenter de grandes choses. Je régnais sur le sol le plus riche et le plus fécond, sur une nation pleine de valeur et d'enthousiasme; j'avais trouvé des lumières, de l'instruction, des hommes d'une trempe extraordinaire, qui ne demandaient qu'à se lancer dans la carrière de la gloire; des succès, des triomphes étonnans vinrent favoriser, augmenter encore cet enthousiasme, déjà trop disposé à s'accroître.

La gloire militaire est la plus dangereuse, la plus enivrante, et un général qui saurait à trente ans y résister, serait le plus bel exemple à proposer à la postérité.

LYCURGUE.

Les législateurs les plus sévères ne condamnent pas, ne repoussent pas la gloire militaire : il y a des guerres justes : on citera toujours avec orgueil les combats de Platée, de Marathon, et la belle défense des Thermopyles, où trois cents Spartiates trouvèrent une mort si glorieuse; mais Alexandre, dévastant les immenses contrées de l'Asie, sera moins grand que Léonidas défendant sa patrie.

NAPOLÉON.

Comment des législateurs aussi habiles n'ont-ils pas proposé à la Grèce des lois propres à arrêter l'ambition des conquérans : quel service éclatant ils auraient rendu à l'humanité !

SOLON.

Nous étions trop près des siècles de la barbarie pour oser tenter une semblable entreprise. La Grèce civilisée, éclairée, n'occupait qu'un point presque imperceptible sur le Globe. C'est au XVIIIe siècle, époque célèbre de la civilisation, qu'il appartiendrait d'arrêter, par des lois sages et philantropiques, cette espèce de rage avec laquelle on voit si souvent des nations vaillantes, généreuses, qui s'honorent et s'estiment mutuellement, se précipiter les unes sur les autres et s'entregorger comme des hordes sauvages ; il serait facile aujourd'hui de faire entendre aux rois de l'Europe que la violence, la force, décident souvent mal les difficultés de la politique, et que la justice n'est pas toujours du côté des gros bataillons.

NAPOLÉON.

La gloire militaire d'Athènes et de Rome, dont les hauts-faits retentissent si fort dans l'histoire, enflamme encore aujourd'hui, et fait bouillonner le courage de notre jeunesse. C'est à la philosophie, dont la voix commence enfin à se faire entendre, à tempérer cette effervescence, à inspirer, à faire goûter à notre siècle le goût d'une gloire plus solide. Il faut aujourd'hui des Solon et des Lycurgue plutôt que des Epaminondas.

Deuxième Entretien.

Napoléon, Racine et Corneille.

NAPOLÉON.

Je vois avec une espèce d'orgueil que les poètes français siègent ici sur l'endroit le plus élevé : notre théâtre a surpassé le théâtre des Grecs, qui ont été nos modèles, et le théâtre des autres nations modernes. C'est à vous que nous devons la gloire d'avoir conservé le goût pur de la belle antiquité.

CORNEILLE.

Nous avons fait, pour ennoblir et perfectionner l'art dramatique, tout ce qui était humainement possible sous un pouvoir ombrageux et despotique. Plus d'un élan noble et sublime a été comprimé par la crainte de ce pouvoir : tel devait être notre sort dans un siècle qui cheminait lentement vers le triomphe de la pensée, et qui ne saluait encore que de bien loin l'aurore de la liberté.

Mais comment est-il arrivé qu'à la tête d'une nation libre, un jeune souverain, qui avait l'âme si grande, si élevée, et qui ambitionnait toutes les gloires, ait aussi en la faiblesse d'enchaîner, par les entraves de la censure, le génie des auteurs dramatiques.

NAPOLÉON.

Habitué, dès ma jeunesse, à la vie des camps, je me suis peut-être trop familiarisé avec les idées de commandement absolu et d'obéissance passive ; j'ai porté ces idées dans l'administration, et je m'en suis plus d'une fois repenti ; je sens aujourd'hui qu'on ne commande pas à la pensée et au génie comme on commande à des soldats.

RACINE.

Au milieu des soins prodigieux que vous avez donné au gouvernement de la France, il me semble que vous ne vous êtes pas assez occupé de l'art dramatique ; c'est cependant l'école la plus intéressante pour les mœurs et l'instruction ; la tragédie surtout élève l'âme ; on y parle le langage des héros et des dieux. La nouvelle révolution qui venait de s'opérer au milieu de vous mettait vos poètes à même d'y faire entendre les accens sublimes et énergiques de la liberté. De jeunes athlètes se sont élancés dans la lice, mais ils n'y ont pas trouvé assez d'appui et d'encouragement. Qui a fait naître le beau siècle de Louis XIV ? C'est l'accueil que ce souverain a fait aux savans, et les récompenses qu'il leur a prodiguées. La nature produit les grands poètes et les grands orateurs ; mais c'est l'émulation, l'amour de la gloire qui les forme et les développe. La France a, dans son sein, une mine riche et féconde en talens de toute espèce ; le souverain seul peut l'exploiter avec succès.

Les pensées hardies de Chenier, dans Charles IX, et dans Tibère, vous ont effrayé ; et cependant si la vérité a tant de peine à pénétrer dans les cours, il faudrait au moins qu'elle pût se faire entendre sur la scène.

NAPOLÉON.

L'enthousiasme de la liberté avait exalté à un tel point l'âme des Français, qui semblaient avoir vécu avec les Grecs et les Romains, que j'ai cru prudent d'arrêter ou du moins de contenir ces dispositions ardentes et libérales : j'ai fait une faute. Le théâtre français qui, sous le règne d'un roi absolu, avait produit tant de chefs-d'œuvre, a fait à peine retentir sous mon gouvernement quelques accens dignes de sa gloire et de ses triomphes, et cependant j'avais à côté de moi le héros de la scène le plus profond, l'orateur de la liberté le plus éloquent. *

* Talma.

Troisième Entretien.

Napoléon, Voltaire, Rousseau et Montesquieu.

VOLTAIRE.

Nous voyons ici, au milieu de nous, un héros qui, à l'âge où les autres ne font que commencer, avait déjà fourni une carrière remplie de toutes les gloires. Il ne lui a manqué que de savoir s'arrêter et de perfectionner tout ce qu'il avait commencé. S'il avait eu cette sagesse, l'histoire ne pourrait nous présenter rien qui pût, je ne dis pas le surpasser, mais lui être comparé. Elle nous montre en effet des législateurs, des philosophes, des conquérans, mais un mortel heureux qui fut tout cela à la fois ne s'était pas encore présenté, et ce mortel heureux était un Français, c'était Napoléon.

Je ne suis avec vous ni un enthousiaste, ni un flatteur : je vous dirai avec la même franchise les fautes, les erreurs qui ont terni une gloire si extraordinaire. Vous commandiez à une nation vaillante, généreuse, éclairée, avec laquelle vous pouviez tout, vous n'avez pas eu confiance en elle ; elle avait, au prix de son sang et de ses trésors, proclamé de grands principes de liberté que vous avez méconnus ; vous lui avez ravi une à une toutes ses franchises. Oubliant les ravages du fanatisme dans les derniers siècles, et les massacres de la Saint-Barthélemy, vous avez reconnu, favorisé une religion dominante, comme pour ouvrir la porte à de nouvelles dissensions ; vous avez eu, par dessus tout cela, la soif des conquêtes ; vous avez disposé de trônes, de couronnes qui ne vous appartenaient pas, à moins que vous ne voulussiez reconnaître pour légitime l'affreux droit du plus fort. Les rois de l'Europe vous ont humilié, vous ont traité avec une barbarie sans exemple, mais aussi grand dans le malheur que dans la prospérité, vous êtes mort avec la fierté et la philosophie des braves.

NAPOLÉON.

La manière aussi franche que sévère avec laquelle vous m'avez jugé ne peut m'être désagréable. En arrivant au pouvoir je n'avais ni l'expérience, ni les connaissances qui sont nécessaires dans une position aussi difficile : je trouvai une grande division dans les esprits, des partis qu'il fallait rapprocher et fondre ensemble. Au milieu d'une telle effervescence, je crus nécessaire que le pouvoir se montrât fort et vigoureux ; j'eus le bonheur de calmer, de réunir les opinions. Ce triomphe obtenu, j'aurais dû rasseoir la liberté sur ses véritables bases et rendre au peuple ses droits. J'avais devant moi un guide avec lequel je ne devais pas m'égarer. L'immortel auteur du contrat social, en présence duquel je suis aujourd'hui, et qui avait eu la gloire de retrouver les titres du genre humain, nous avait fait largement la part des peuples et des rois ; et depuis, des écrivains éclairés, se saisissant de ces titres, les avaient commentés, expliqués, et n'avaient laissé aucun doute sur leur légitimité. O que la pente du trône est escarpée et difficile !

ROUSSEAU.

Combien les vrais principes ont de peine à s'établir et à être reconnus ! Nous les avons proclamés : l'ignorance, le fanatisme, l'aristocratie parlaient plus haut; la force, la puissance étaient de leur côté; ils nous ont exilé, ils ont brûlé nos livres, mais les vérités qu'ils renfermaient ont échappé aux flammes. Vous les avez vu s'accroître, se répandre, et produire enfin ces beaux codes, ces chartes protectrices qui finiront par régir l'univers.

Nous avons fait entendre, que ce ne sont pas les armes, la gloire, les sciences, qui contribuent le plus à la prospérité des empires : les mœurs en sont l'ornement le plus solide. Pourquoi la révolution française, qui présentait un si bel avenir, a-t-elle éprouvé tant d'opposition ? C'est qu'elle arrivait avec les mœurs faciles et dissolues de la régence, avec l'hypocrisie des tartufes et des fanatiques. La vertu , l'honneur , étaient encore dans toutes les bouches, mais on les laissait là pour courir après l'or , les plaisirs , les dignités. On avait oublié que l'influence des mœurs sur le bonheur et la gloire des nations est aussi considérable que celle des institutions et des lois.

J'ai tâché de présenter la vertu sous les couleurs les plus séduisantes ; j'ai, dans mon Héloïse, presque divinisé l'amour, en peignant ses sentimens si délicats, si exquis.

Mon Émile était regardé comme un être idéal, fabuleux ; c'était cependant l'homme de la nature ; il n'aurait pas corrompu la civilisation.

MONTESQUIEU.

Nous avons usé de toutes sortes de moyens pour propager nos idées libérales ; ce que je n'avais pas osé dire dans mon livre de l'Esprit des Lois , je l'ai fait passer d'une manière presque inapperçue dans mes Lettres Persanes. Ce sont les matériaux que nous avons amassés qui ont servi à élever l'édifice de vos lois ; là se trouvait le germe de toutes les vertus que vous avez eu l'avantage de développer.

VOLTAIRE.

L'ennemi le plus redoutable que nous avions à combattre, c'était le fanatisme. Le ciel dans sa colère n'a pas jeté sur la terre de fléau plus terrible ; il est par sa nature intolérant , cruel, persécuteur. Je l'ai attaqué de tous les côtés, sous toutes les formes, et avec toutes sortes d'armes ; il devait succomber sous le faisceau de toutes les lumières, mais c'est le siècle qui nous a suivi qui a eu enfin le bonheur d'assister au triomphe de la raison.

NAPOLÉON.

C'est parce que je l'avais cru trop redoutable cet ennemi, que j'ai eu la faiblesse d'en faire l'appui et le levier de mon gouvernement. Ma plus grande faute a été de laisser rétablir sous un nom déguisé et perfide, cette trop fameuse société qui semble n'être née que pour bouleverser les empires.

La religion et l'émigration m'avaient paru être le plus fort rempart de mon trône, et ils l'ont miné sourdement. Enfant de la révolution, c'est moi qui, au lieu de m'asseoir solidement sur la liberté, ai fourni à la royauté et au clergé les armes qui ont servi à me renverser.

Quatrième Entretien.

Napoléon, le Czar, le Grand Frédéric, Charles XII.

NAPOLÉON.

Je trouve dans cette enceinte tout ce que le nord de l'Europe a produit de grands rois et de grands capitaines.

LE CZAR.

Vous êtes venu nous rejoindre bientôt; vous avez été arrêté au milieu de votre carrière. Notre sort a été bien différent : j'allai dans votre patrie y chercher, y étudier les arts et les sciences, et vous, vous êtes venu dans la mienne apporter le meurtre, la dévastation, et y enterrer la plus belle des armées.

J'avais un peuple ignorant, presque barbare, je l'ai civilisé; et vous, de la nation la plus spirituelle, la plus aimable, la plus philanthropique, vous en auriez fait une nation dure et barbare, en la tenant toujours au milieu des camps.

J'ai fait sortir des marais un empire florissant, je l'ai couvert de villes, de toutes sortes d'établissemens; j'ai créé une marine, mais j'ai été plus d'un demi siècle pour fonder ma puissance ; et vous qui, en montant sur le trône, avez trouvé une belle population, riche par les sciences, le commerce et l'agriculture, une armée formidable, des ports et une marine, qu'en avez-vous fait ? vous les avez exposés et joués contre les frimats !

NAPOLÉON.

Un point unique vous occupait : c'était la Russie. Pour moi, mes vues, mes projets, se portaient sur toute l'Europe ; je voulais affranchir la terre et l'onde, les mers et les empires ; je voulais vaincre la dominatrice de l'Océan dans Vienne et dans Moscou ; j'y serais parvenu, si la nature et ses frimats n'avaient conspiré contre moi : c'était plutôt comme législateur que comme conquérant que je voulais établir la liberté illimitée de la navigation et du commerce.

FRÉDÉRIC.

Parmi les désirs ambitieux que j'ai quelquefois formés, a été celui de régner sur des Français. Rien ne m'aurait paru impossible avec un peuple aussi vif, aussi valeureux, qui brille autant dans les arts que dans la guerre ; il peut se glorifier d'avoir donné le jour à l'homme le plus savant qu'ait produit le dernier siècle, au patriarche des philosophes, qui a fait les plaisirs, l'ornement, la gloire de ma cour, et dont j'ai été autant l'ami que l'admirateur.

J'ai aussi trop aimé la guerre, et j'ai eu cela de commun avec le héros que nous voyons ici ; mais j'avais plaisir à en tempérer les rigueurs par des jouissances plus douces et plus pures. Le jour d'une bataille que j'avais gagnée, je me couchais triste et rêveur, mécontent de moi-même, ce qui ne m'est jamais arrivé lorsque je consacrais mes loisirs à préparer, à assurer le triomphe des arts, des sciences, de la législation et du commerce.

NAPOLÉON.

J'ai aussi su apprécier le courage, l'intelligence et toutes les qualités de la nation française ; j'ai à me reprocher de l'avoir épuisée par des efforts gigantesques. La plus belle carrière était ouverte devant moi, il ne fallait pas tant me presser de la parcourir ; il y avait cent probabilités contre une que j'arriverais au terme avec gloire ; eh bien ! j'ai rencontré la mauvaise probabilité, et j'y ai succombé.

CHARLES XII.

Depuis long-temps je désire le voir, cet empereur si belliqueux, qui a effacé par sa gloire militaire tous mes plus beaux faits d'armes : nous avons parcouru bien des pays, remué bien des bataillons ; mais, convenons-en franchement, mon cher confrère, nous avons été deux grands fous, qui courrions en aveugles pour saisir un fantôme qui nous a échappé. Tous les deux, après avoir fait sur le Globe un bruit épouvantable, nous sommes tombés de bien haut pour éprouver une mort obscure et presque humiliante : et qu'aura gagné le genre humain à toute notre célébrité?....

NAPOLÉON.

Les plus grands héros n'ont pas été à l'abri des caprices de la fortune; ses coups m'ont frappé, mais ils ne m'ont pas abattu. Je n'ai pas succombé sans gloire, lorsque par une de ces combinaisons dignes de la perfidie des cours, et dont l'histoire n'avait pas encore offert d'exemples, tous les rois de l'Europe se sont réunis contre moi. Nous étions mûs par des sentimens bien différens; vous vouliez des batailles et des victoires, c'était là votre goût dominant : moi je voulais l'affranchissement des peuples, mais surtout la destruction du système continental; système de monopole et d'oppression, que l'Angleterre faisait peser sur l'Europe.

Cinquième Entretien.

Napoléon, Charles IX, Henry IV, Louis XIV, et Louis XVIII.

NAPOLÉON.

Nous avons tous les cinq regné sur la France, et nous avons eu sur son sort une influence tout-à-fait différente ; elle a été successivement en proie aux fureurs du fanatisme, de l'intolérance et aux déchiremens, aux ravages de la conquête.

CHARLES IX.

Jamais position ne fut aussi difficile que la mienne : la grande réforme que venaient d'opérer deux enthousiastes, Luther et Calvin, avait mis en feu tout mon royaume : à une telle secousse il aurait fallu opposer des lumières, surtout une sage tolérance ; et le siècle était peu éclairé : le fanatisme était violent, persécuteur ; l'autorité était entre les mains d'un chef de l'Église Romaine, du Cardinal de Lorraine : il s'en servit pour écraser ses adversaires, au lieu de les ramener par les voies de douceur et de charité qu'indiquent sa religion. Il me parla au nom de Rome, au nom du Ciel, et je donnai cet ordre affreux, qui, au sein d'une nuit profonde, fit égorger dans ma capitale plus de dix mille religionnaires.

NAPOLÉON.

On la montre encore aujourd'hui , après plus de deux siècles, cette fenêtre du Louvre où soldat et bourreau tout à la fois, vous tiriez sur votre peuple ; et par un malheur attaché à votre nom, on montre encore aujourd'hui dans ce même Louvre les fenêtres où plus tard les trop fidèles Suisses de Charles X, votre descendant, ont mitraillé pendant quarante-huit heures le peuple de Paris.

HENRY IV.

C'est après cette sanglante catastrophe , et lorsque les feux de la guerre civile occasionnés par les dissensions religieuses couvaient encore sourdement, que ma naissance m'appela au trône des Français. Je me présentai apportant la paix , la tolérance, la liberté entière des consciences , cela ne pouvait convenir au Clergé Romain , qui voulait une religion dominante et que cette religion fut la sienne. On me ferma les portes de ma capitale : le sang allait couler, mais c'était le sang de mes sujets : un Bourbon, l'ami de son peuple, n'avait pas à balancer ; je m'humiliai devant la Tiare, je souscrivis à la domination du culte Catholique, en obtenant cependant des temples pour la religion dans laquelle j'étais né ; mais j'avais affaire à un ennemi qui capitule et ne pardonne pas. Je ne songeai plus qu'à m'occuper du bonheur des Français ; j'avais de grandes plaies à fermer. Une administration ferme, sévère, économe, rétablit bientôt mes finances ; la France était respectée au dehors, elle prospérait dans l'intérieur ; mais le fanatisme d'une religion pour laquelle je n'avais pas encore assez fait, me réservait ses poignards, et j'en fus atteint au milieu même de mon peuple.

NAPOLÉON.

Vous êtes tombé victime du délire religieux chez une nation qui vous aimait; votre nom y est vénéré; il est encore dans toutes les bouches, et je regarde comme une de mes gloires, d'être monté, après deux cents ans, sur le trône d'Henri IV.

LOUIS XIV.

Personne, mieux que vous, n'a su employer le génie de la nation française; j'avais créé les arts, les sciences, le commerce ; vous avez eu le talent de leur donner une impulsion encore plus grande; j'aimais la gloire militaire, vous l'avez portée à un degré qu'on ne saurait surpasser; je n'aurais que des louanges à donner à votre règne, si vous ne l'aviez pas souillé dans le sang d'un Condé.

NAPOLÉON.

Vous êtes cité comme le grand roi dont toutes les actions ont été empreintes de cette élévation, de cette sublimité qui caractérise les hommes extraordinaires. Mais si j'ai été prompt à sacrifier un prince que je croyais mon ennemi, une grande tache obscurcit aussi votre règne. Vous qui commandiez avec tant de fierté à tout ce qui vous environnait, et même à l'Europe, vous avez, un jour laissé régner à votre place votre confesseur, un jésuite, et ce jour-là, par un décret que toutes vos autres actions ne feront jamais oublier, vous avez envoyé en exil un million de vos sujets, c'es-à-dire tout ce que les arts, le commerce, la finance, avaient de plus honorable. Vous avez par là fait à votre pays une plaie qui saigne encore.

LOUIS XIV.

Le bannissement des Calvinistes est une catastrophe dont j'ai vu trop tard la profondeur. C'est un cadeau que les prêtres dans leurs libéralités ont fait à l'Angleterre, à la Hollande, à l'Allemagne, qui sont devenus les héritiers de nos arts, de notre industrie et de nos capitaux. Ce n'était pas à Rome, c'était dans mon Conseil d'État que je devais aller prendre des conseils; il en coûte cher d'avoir un jésuite pour confesseur.

LOUIS XVIII (s'adressant à Napoléon).

Je dois vous remercier d'avoir été le restaurateur de la monarchie à laquelle vous avez enfin ramené la France, après qu'elle passa successivement par l'anarchie, la république et le consulat. Ce que nous n'aurions pas osé faire, vous avez détruit cette balance des pouvoirs, que rêve depuis long-temps la législation moderne; vous avez ressaisi toute l'autorité, et grâces vous en soient rendues, vous nous avez frayé une route dans laquelle à notre retour de l'exil nous n'avons eu qu'à entrer.

Le peuple français ne nous demandait qu'une grâce, celle de conserver ses couleurs ; nous avons eu la maladresse de la lui refuser ; il les a déposées dans un morne silence, mais il s'en est vengé plus tard.

J'ai tout fait pour réconcilier la révolution avec l'émigration ; j'ai partagé entre l'une et l'autre les honneurs et les dignités, mais un torrent plus fort que moi m'a entraîné : j'ai laissé s'élever à côté de mon gouvernement que je voulais rendre paternel, un gouvernement occulte, qui a fini par s'emparer de tous les pouvoirs, et ouvrir un nouvel abîme sous nos pas.

NAPOLÉON.

Je vous ai, dites-vous, frayé la route du trône : il me semble cependant qu'elle était bien peu frayée pour vous cette route, puisqu'il vous a fallu un si grand nombre de bayonnettes étrangères pour arriver jusqu'à ce trône, que vous aviez déserté vingt-cinq ans. Vous y êtes arrivé n'ayant rien appris ni rien oublié ; et quand ils retrouvaient un peuple dont l'éducation et les mœurs étaient si changées, les Bourbons de 1815 devaient-ils être toujours les Bourbons de Coblentz? L'exil, l'adversité sont deux grands maîtres, vous ont-ils corrigé? L'histoire est là pour l'attester.

Sixième Entretien.

Napoléon, Fox et Wasingthon.

WASINGTHON.

Vous avez regné sur une nation dont nous n'oublierons jamais la valeur et la générosité; elle nous a aidé à conquérir cette liberté, cette indépendance, qu'elle a eu tant de peine à établir chez elle : c'est un de ses enfans, c'est un de ses capitaines, qui nous a apporté ses talens pour renverser le despotisme anglais, et c'est un général français, le premier capitaine de l'Europe, qui a détruit et tué en France la liberté. O bizarrerie des événemens humains ! le peuple le plus avancé, le plus vaillant, est retourné au milieu de toutes les catastrophes à sa vieille royauté; et le peuple le plus grossier, le plus arriéré en science et en législation, vit sans trouble et sans guerre au sein d'une république.

NAPOLÉON.

Le voisinage des mers est bien moins dangereux que celui des grands royaumes : quand on se touche de si près, les contacts, les chocs sont toujours à craindre; vous ne faisiez que de naître, et votre bonheur n'éveillait encore aucune ambition, tandis que les anciennes monarchies de l'Europe, toujours rivales et jalouses l'une de l'autre, s'observent et volent aux armes sans le moindre prétexte.

FOX.

J'ai été l'observateur de la révolution des deux pays : l'Amérique a été intrépide dans les combats qu'elle a soutenus pour sa liberté, mais elle n'a pas abusé de sa victoire ; elle a proclamé son indépendance, elle l'a fondée sur des lois sages dont elle ne s'est jamais écartée. Chez elle, point de troubles civils, point de conspirations ; on n'a jamais vu le chef de l'État prolonger d'un seul jour son pouvoir expiré. Une semblable sagesse, trop peu commune en Europe, lui a attiré l'admiration, le respect des autres peuples ; et l'Angleterre, sa première et sa plus grande rivale, n'a pas tenté de rompre l'harmonie du bon voisinage.

La France, comme si les passions devaient fermenter davantage au sein des lumières et de la civilisation, n'a pas suivi ce bel exemple de modération et de sagesse : elle a d'abord établi une constitution, où tous les pouvoirs étaient pondérés avec le plus grand art. Cette constitution était admirée et presque enviée par le peuple anglais ; mais, au lieu de s'y attacher comme à une ancre salutaire, on la viola d'abord, on la détruisit ensuite pour se jeter dans une anarchie complète ; de là, dans une république qui voulut devenir conquérante : l'admiration de l'Angleterre se changea bientôt en haine.

Cet état violent dans lequel se trouvait la France, ne pouvait durer : le sang coulait sur les échafauds comme sur les champs de bataille ; on crût trouver le repos sous des consuls, on le crut encore plus sûr sous un empereur. Le calme reparut dans l'intérieur, mais ce fut au dehors que la tempête se déchaîna bientôt : tous les trônes furent menacés, envahis ; et la France, que nous avions d'abord combattue comme anarchique, nous la combattîmes ensuite comme conquérante.

NAPOLÉON.

Vous vous plaignez de nos conquêtes : pouvions-nous rester spectateurs paisibles de cette domination universelle que vous exerciez sur toutes les mers ? Nous avons dû lui opposer une guerre continentale. Vos flottes immenses traversaient dans tous les sens l'Océan et la Méditerranée ; l'Europe souffrait cette injure, la France a dû songer à la punir.

Ce sera toujours la chose la plus étrange, qu'un peuple, ami de la liberté, ait fait à un peuple voisin qui voulait la fonder chez lui, une guerre aussi acharnée. Vous avez constamment cherché à coaliser contre lui tous les rois de l'Europe ; vous leur avez, pendant plus de dix ans, payé des subsides énormes, qui ont porté votre dette nationale à un chiffre effrayant, et auraient, chez tout autre peuple, amené une banqueroute inévitable. La guerre de l'Empire a donc été plutôt une guerre défensive, une guerre de représailles qu'une guerre d'ambition.

C'est l'or de l'Angleterre qui, depuis 89, a remué l'Europe, c'est sa politique perfide qui a jeté Napoléon dans la guerre et les conquêtes.

Septième Entretien.

Napoléon, Luther, Ganganelli (Clément XIV).

NAPOLÉON.

Me voici en présence du chef de la grande réforme du XVe siècle : c'est du sein d'un cloître qu'est sortie cette révolution étonnante qui a exercé sur l'Europe une si grande influence. C'est peut-être l'entreprise la plus hardie qui ait jamais été tentée ; vous aviez à lutter contre un clergé tout puissant, qui avait encore à ses ordres les rois et les empereurs. Rome avait à vous opposer une possession de plus de dix siècles.

LUTHER.

On ne prescrit pas contre la raison et la vérité : la religion Chrétienne, pure à son origine, avait, en traversant des temps d'ignorance et de Barbarie, changé, modifié, dénaturé sa belle doctrine ; à l'or le plus épuré s'était mêlé un alliage grossier. Je

ne vins point attaquer, mais rétablir le dogme et la
discipline : je remis les papes à la place qu'ils auraient
toujours dû occuper.

NAPOLÉON.

Comment se fait-il que les idées religieuses aient
causé sur le Globe autant de révolutions? Les guerres
qu'elles ont occasionnées n'ont ressemblé à aucune
autre : il semble que lorsqu'on se bat au nom du
ciel, on doive encore être plus cruel. J'ai traité le
clergé avec libéralité, mais je l'ai accoutumé à la tolérance, et l'ai renfermé avec fermeté dans le cercle de
ses devoirs.

LUTHER.

Les pays où nous avons établi la réforme ont toujours été les plus tranquilles et les plus florissans. Là,
point d'ambition; point de conflit d'autorité, nos
ministres, au lieu de faire peur des foudres de l'Église,
exercent une puissance bienfaisante et tutélaire. Nous
ne connaissons pas les fureurs de l'inquisition. Nous
n'employons d'autres armes que celles de la vérité et
de la persuasion.

GANGANELLI.

J'ai vu avec effroi les ravages que le Luthérianisme
a fait dans le monde Chrétien : la réforme qu'il a
opérée, c'est nous qui aurions dû la faire, au lieu de
la subir ; elle aurait été plus sage et surtout plus tran-
quille. Nous aurions eu la gloire de corriger des abus
énormes que les temps avaient amené d'une manière

presque imperceptible, mais qui étaient devenus trop crians en face d'un siècle qui recevait la lumière de toute part. J'ai pour ma part donné quelques preuves de courage, en supprimant cette corporation colossale qui avait presque envahi toute la terre, qui dominait dans le Vatican, qui dirigeait la conscience des souverains, qui disposait même de leur vie, qui régnait despotiquement dans la chaire évangélique, dans les universités, et qui ne tendait à rien moins qu'à une domination universelle. J'ai toujours espéré que le siècle, en s'éclairant de plus en plus, amènerait sans commotion une réforme que tous les hommes sages appellent depuis long-temps de tous leurs vœux.

Huitième Entretien.

Napoléon, et Alexandre, Empereur de Russie.

NAPOLÉON.

J'ai été victime de la grande confédération des rois à la tête desquels vous vous êtes trouvé. Pensez-vous que la réunion de tous les souverains de l'Europe contre un seul sera ratifiée par la postérité? Vous avez donné un exemple dangereux que la politique des temps anciens n'avait pas encore offert. Y avait-il dans une telle conduite, de la générosité envers votre égal qui, seul, vous avait vaincus tous? A Austerlitz, je vous ai vu à mes pieds ; vous ai-je chassé de votre capitale ? J'ai fait des conquêtes, mais qu'avez-vous fait en Asie ? qu'avez-vous fait dans la Pologne ? Vous avez repris mes conquêtes, c'était le droit de la guerre. Mais vous avez démantelé l'ancienne France ; mais vous m'avez emprisonné au milieu des mers, vous m'avez donné des geoliers, vous avez par là assassiné un roi qui ne devait pas et que vous saviez ne pouvoir pas survivre à tant d'humiliations.

L'histoire impartiale dira si des souverains ont le droit de se traiter ainsi, s'il y a là grandeur et magnanimité.

ALEXANDRE.

Votre humeur belliqueuse avait effrayé les populations ; la paix de l'Europe était continuellement troublée : c'était au Nord, c'était au Midi que se précipitaient sans cesse vos nombreuses armées ; il n'y avait plus que votre chûte qui put rétablir la sécurité, et cette paix, après laquelle on soupirait avec tant d'ardeur. Un seul homme ne pouvait plus long-temps allarmer, ébranler tous les trônes ; vous avez été immolé à la tranquillité générale, et votre exemple effrayera l'ambition des conquérans.

NAPOLÉON.

Il y avait une ambition plus grande que la mienne ; c'était celle de l'Angleterre, qui aspirait à la domination des mers, pour faire seule le commerce de l'Univers. Qui a suscité toutes les guerres que j'ai eu à soutenir, n'est-ce pas l'Angleterre ? N'est-ce pas son or qui a soudoyé et payé toutes vos armées ?

J'ai fait en politique une faute qui a été payée bien cher. J'avais le projet, que j'ai eu le malheur d'ajourner, de rétablir le royaume de Pologne : c'était contre le Nord une barrière qui devait désormais l'empêcher de déborder sur l'Europe. Cette imprévoyance a été la cause de ma perte : elle a été plus tard la cause de l'anéantissement de la Pologne elle-même, rayée peut-être pour toujours de la carte Européenne, à la vue, et à la honte des rois du continent.

Neuvième Entretien.

Napoléon et Mirabeau.

NAPOLÉON.

J'étais bien jeune encore, quand je vous ai vu lutter corps à corps avec tant d'énergie contre la noblesse, le clergé et la cour. Il faut des hommes de votre trempe pour décider les révolutions. Les orateurs de Rome et d'Athènes ne peuvent comparer leurs beaux triomphes à ceux que vous avez obtenus au jeu de paume ; c'est ce jour-là qu'il a été démontré que la force de l'éloquence l'emporte sur celle des bayonnettes.

J'ai posé ce jour-là les grands, les éternels principes de la liberté; mais combien peu j'ai été heureux, je le vois, quand je parcours les quarante années qui ont suivi cette étonnante révolution. J'apperçois dans ce court espace une assemblée conventionnelle, révolutionnaire et dictatoriale; de son sein sort la république; du sein de la république, des consuls; du sein des consuls, un Empereur; c'est-à-dire que par le cercle le plus vicieux, la France, après des prodiges de toute espèce, est revenue au point d'où elle était partie. Fallait-il pour cela sacrifier tant de fortunes et tant d'hommes? Et comment après de telles vicissitudes, croire à la vertu, au progrès, à la perfectibilité de l'espèce humaine, C'est vous qui pouviez terminer la révolution française de la manière la plus heureuse, et lui donner une gloire solide et durable. Comment, au XIXe siècle, au siècle des lumières et de la philanthropie, avez-vous imaginé que le gouvernement militaire était ce qu'il y avait de plus beau, ce qui convenait le mieux au peuple le plus versé dans les sciences et dans les arts? L'argent prodigué pour traîner de Paris à Moscou un million de soldats, dont les corps ont engraissé les champs Moscovites, aurait plus utilement ouvert chez vous des routes, des canaux, des manufactures. On a vu des peuples, avec le fer, conquérir la liberté; mais on a vu encore plus de tyrans, avec ce même fer, asservir les peuples. Des mœurs, des lois, des institutions, voilà ce qu'il faut aujourd'hui plutôt que des soldats.

NAPOLÉON.

La fortune m'a trahi, m'a abandonné, dès lors j'ai eu tort ; mais je voulais faire du peuple français le premier peuple de l'Univers. Mon gouvernement était militaire, mais il n'était pas barbare ; il favorisait, il encourageait toutes les sciences, toutes les industries. Jeune encore, je n'avais vu que 93 ; c'est 89 dont j'aurais dû étudier les théories et les grandes maximes : elles surnageront, et Mirabeau n'est pas mort en France sans postérité.

Le despotisme militaire a ses vices et ses travers, mais il marche avec l'honneur et la gloire ; on ne le voit pas flétri par cette corruption, cet amour de l'or, qu'on rencontre dans des gouvernemens sans couleur, au sein d'une paix ignoble.

MIRABEAU.

Si nous avons renversé la noblesse qui pesait sur nous depuis tant de siècles, ce n'était pas pour rétablir à sa place une aristocratie financière, industrielle, dont l'orgueil et l'ignorance est beaucoup plus insupportable.

Quoi ! Napoléon, l'enfant de la liberté, voulait aussi avoir sa noblesse. Si la noblesse est la famille des rois, le peuple est donc le serviteur de la royauté ! Et voilà le privilège, voilà l'esclavage ; voilà ce que 89 n'a pas voulu, et ce que vous ne rétablirez jamais en France.

Qu'ai-je vu sous les anciens Bourbons ? De la corruption, de la prodigalité, une dette énorme, le règne de l'aristocratie. Que voyez-vous aujourd'hui ? tout cela. Plus, des roués, des hyppocrites, des tartufes, qui remplacent l'ancienne noblesse, dont ils n'ont ni la vertu ni la dignité, ni la franchise. Alors, quel chemin avons-nous fait ?

NAPOLÉON.

Je l'ai prédit à Sainte-Hélène : avant trente ans, la France sera république, ou une province de la Russie.

Dixième Entretien.

Napoléon et D'Orléans-Égalité.

NAPOLÉON.

Encore un Français, un Bourbon victime de la grande révolution : j'ai été battu par les mêmes orages que vous. Je l'ai vu former et se développer, ce grand drame de la liberté qui n'est pas encore à sa dernière représentation. Vous avez assisté au premier acte, vous y avez joué un rôle assez important. Un descendant de Henri IV, désertant une cour orgueilleuse, eut le courage d'abjurer les erreurs de la royauté, et de recevoir un baptême civique dans lequel lui fut donné le surnom d'Égalité. Cet acte de dévoûment était-il sincère ? Cachait-il une ambition secrète? Vous seul le savez. Un germe de corruption trop connu filtrait depuis long-temps dans la branche d'Orléans. Des imprudences, des liaisons suspectes, des actes au moins douteux, firent soupçonner un patriotisme peut-être réel, et livrèrent votre tête à la faction dominante. Je vous ai toujours plaint comme une des premières victimes immolées à la liberté.

D'ORLÉANS-ÉGALITÉ.

Si j'ai assisté au premier, vous avez assisté au deuxième acte du drame sanglant de la liberté : le torrent révolutionnaire avait fait ses ravages; les échaffauds étaient renversés, et un calme bienfaisant avait succédé à l'orage. Vous êtes venu consolider le pouvoir et relever un trône noyé dans le sang ; vous êtes venu rétablir en Europe le nom Français. Jusque-là le rôle était beau, et les Bourbons eux-mêmes doivent l'avouer ; mais cette fureur des conquêtes qui l'a suivi, cette ambition démesurée d'asseoir de tout côté des Napoléon sur le trône : à Amsterdam, à à Naples, à Madrid, et d'aller étaler à Moscou en flammes, les drapaux de la France. Cette rage effrénée d'un conquérant heureux devait, comme toutes les rages, après avoir subi tous ses accès, aboutir à une fin violente. Vous êtes tombé, la route était tracée, et c'est pour mon fils que vous l'aviez ouverte.

NAPOLÉON.

Permettez-moi de vous dire que je songeais peu à votre fils, en élevant en France cette puissance colossale qui devait un jour faire sa gloire et son bonheur. Ne l'avais-je pas vu, votre fils, aller en Espagne mendier du service contre sa patrie, et offrir son épée pour venir la combattre : ne l'a-t-on pas vu depuis, aux genoux de Louis XVIII, demander pardon des services qu'il avait rendus à la révolution ? Ne l'a-t-on pas vu depuis, oubliant les bienfaits de Louis XVIII et de Charles X, s'asseoir, à leur place, sur un trône tant de fois remué dans ses fondemens ? Que vient-il apporter à la France ? Est-ce vos doctrines, les doctrines de la liberté ou celles du despotisme ? Le temps l'apprendra

D'ORLÉANS-ÉGALITÉ.

Mon fils a été élevé par moi dans les principes d'une liberté sage : ses premières armes, ses premières campagnes, ont été pour cette liberté qu'il a défendue à Walmy et à Jemmapes. Oui, cette liberté que vous avez trop foulée aux pieds, et que la restauration avait aussi tant mutilée, il vient aujourd'hui la rétablir dans toute sa pureté. Voyez l'accueil qu'il fait aux vieux patriotes, aux vétérans de 89 ; voyez comme il traite le patriarche de la liberté, l'un des fondateurs de la république américaine ! Pensez-vous que la branche d'Orléans, en se vouant à la philosophie et au libéralisme, aurait, jusqu'à ce

jour , fait acte d'hyppocrisie et de rouerie politique?
Est-ce que ses démonstrations de patriotisme auraient
été des mensonges? On a reproché à cette famille
d'aimer l'argent ; mais elle aime encore plus l'honneur; on a vu, sous la régence toute corrompue
qu'elle était, que les D'Orléans étaient capables de
grandes choses.

NAPOLÉON.

Comment donc, tous les hôtes célèbres qui, de la
France nous arrivent aux Champs-Élysées, nous
parlent-ils de la défaveur, de la déconsidération dans
laquelle sont tombés les amis de l'indépendance, de
la préférence accordée au favoritisme, à la fortune,
du règne florissant de la bourse et de la misère des
prolétaires ; des atteintes portées aux lois, à la liberté
et à la charte ; des émeutes continuelles, des incarcé-
rations, des amendes énormes , des prisons d'État
multipliées sur tous les points? Si c'est là ce que vous
appelez le règne de la liberté, ce n'est pas tout-à-fait
celui-là que je préparais à la France. Pour arriver à
cette hauteur, il était inutile de verser tant de sang,
et de changer de dynastie.

Onzième Entretien.

Napoléon, Moreau et Salicetti.

NAPOLÉON.

Un peu de jalousie et de rivalité a pu exister entre deux hommes qui arrivèrent à la gloire par le même chemin ; l'estime, dans le séjour de la vérité doit succéder à de tels sentimens.

MOREAU.

Avons-nous tous les deux sitôt oublié notre origine? D'où venons-nous? voyons notre point de départ : Vous êtes parti, vous, d'une batterie de Toulon ; c'est par des chants de triomphe et les victoires les plus éclatantes que nous avons inauguré le berceau de la République française. Seuls contre tous les rois de l'Europe ligués contre nous, nous leur avons opposé quatorze armées, créées comme par enchantement; nous les avons battus et réduits à une retraite honteuse. Qui opéra ces prodiges? C'est la République. Toute royauté eût été là impuissante, et c'est cette République si belle, si florissante, que j'ai vu un beau jour, renverser par un jeune canounier, sorti, comme moi, des rangs populaires. J'avais, comme lui, gagné mes épaulettes sur les champs de bataille, mais j'avais vaincu pour la patrie et non pour mon propre compte.

Au lieu de fortifier, d'asseoir solidement cette République sur des lois sages et libérales, on la renverse comme s'il n'y avait plus de remèdes, plus d'essais à tenter; on lui impute tous les désordres d'un gouvernement révolutionnaire duquel seul elle avait pu sortir. Un soldat d'hier, aujourd'hui général, croit que pour sauver la France, il faut tuer la liberté; et on lui laisse tuer la liberté, qu'il enterre avec pompe en présence d'un peuple aveugle, sous les marches d'un trône impérial. A quoi devaient aboutir tant d'insultes, tant d'affronts sanglans faits à la France? Elle avait vaincu le despotisme : eh bien ! le despotisme, à son tour, va lui faire payer cher ses triomphes ; et il se sert, pour la punir, de l'instrument même qui avait le plus contribué à ses victoires et à sa gloire.

NAPOLÉON.

Vous me battez avec les armes que je vous ai fournies moi-même. Oui, le peuple français, républicain, a battu les rois de l'Europe, et le peuple français, avec un empereur et plus d'un million de soldats n'a pu leur résister.

MOREAU.

En connaissez-vous la cause? On se battait pour une patrie, et non pour un roi. Sous la République, ce n'était pas dans les plaines arides de la Moscowa, mais à la frontière même que le soldat était fier de combattre et de sacrifier sa vie pour la défense de ses libertés.

NAPOLÉON.

Mais comment donc, avec des sentimens aussi élevés, vous ai-je rencontré dans les rangs ennemis? Comment donc un républicain était-il au milieu des Russes et des Cosaques.

MOREAU.

Ce n'était pas la France que je venais combattre, mais le tyran qui la gouvernait, qui pompait en vain son sang et ses trésors.

Pensez-vous que l'élite de la jeunesse française ait, pendant dix ans, déserté le temple de Thémis et des Arts, volant au secours de la patrie en danger, pour venir immoler toutes nos libertés à un chef militaire, fût-il décoré des noms pompeux de roi, ou d'empereur? Non, je n'avais pas quitté la toge, pour venir après vingt batailles, baisser le front sous un nouveau maître. La récompense de mes services a été l'exil, mais le général de la République française, pouvait-il être un vil flatteur, qui encensa Napoléon, foulant à ses pieds les libertés de la France.

SALICETTI.

C'est ici le moment des dures vérités : je l'avais entrevu ce despotisme, le jour où, vous voyant à Saint-Cloud, faire le vil métier de jannissaire, et chasser brutalement de leurs siéges les législateurs de la France, je voulais vous plonger un poignard dans le sein, pour vous soustraire à l'infamie d'être le tyran de votre pays. J'allai gaiement à la mort, plutôt que d'être le témoin de tant d'opprobre. Un Corse ne pouvait, sans deshonneur, survivre à la honte de voir un autre Corse fouler aux pieds la liberté de sa patrie.

NAPOLÉON.

Comprimer les factions , arrêter les fureurs de l'anarchie, qu'ai-je voulu autre chose ; est-ce là être tyran ? On dira que j'ai eu de l'ambition ; oui, j'ai ambitionné la gloire de la France ; j'ai voulu qu'elle fut grande, forte, puissante. Les moyens que j'ai employés pour la rendre telle devaient être des moyens extraordinaires ; il n'ont pas réussi ; de quel côté sont les torts ? La postérité jugera.

Douzième Entretien.

Napoléon et le Maréchal Ney.

NAPOLÉON.

Ils viennent me rejoindre, les fidèles compagnons de ma gloire ; mais au milieu de tous ceux qui sont morts si glorieusement pour la patrie, je dois distinguer encore ceux dont le dévoûment à ma cause a été si grand, si héroïque, et surtout si déplorable. Tant de fois heureux sous les mêmes drapeaux, nous devions encore vaincre à Waterloo, si ce jour-là la valeur seule eût combattu. Notre cause était belle ; si elle eût triomphé, elle aurait étonné l'univers par les résultats. Les vaincus ont-ils toujours tort ?

Victime comme moi de l'orgueil, de la tyrannie des rois, vous voilà arrivé aussi dans le lieu qui réunit tant de gloire et d'infortune; vous m'avez vu dans un autre camp que le vôtre, mais j'ai toujours planté mon drapeau là où était celui de la patrie. Je le revis au Champ-de-Mars, ce drapeau de la patrie, environné d'une population immense, de tout ce que la France renferme de plus grand et de plus auguste; mon cœur palpitait encore une fois de ce noble enthousiasme de nos beaux jours, et j'allai me rallier à ses belles couleurs.

Pendant votre exil, j'ai vu de près une cour qui n'était pas sans éclat, sans majesté, sans grandeur : le Bourbon qui la gouvernait avait des idées hautes et nobles; il voulait fondre la France nouvelle avec la France ancienne, les Condé avec les Bayard, la morgue de l'émigration avec les gloires de l'Empire. Cette fusion était par trop difficile. La noblesse de Louis XIV n'était pas plus fière et plus hautaine que celle qui était revenue de Coblentz, couverte de mépris et de haillons. On abreuvait d'affronts et de dégoûts les braves qui ne pouvaient étaler de vieux parchemins à côté de leurs croix et de leurs blessures. La tiare, la mitre, la crosse, voilà ce qui brillait. Tout fléchissait les genoux devant ces nouveaux dieux. En vain le prince qui trouvait à son retour une France si belle, voulait soutenir sa puissance et sa gloire.

Bientôt on vit se former, à son insçu, un Gouvernement occulte, une Camarilla qui, sous une influence
toute jésuitique, pénétrait partout, paralysait tout, en
se jouant de nos institutions. C'est au milieu d'un si
triste simulacre de Gouvernement qu'un frêle bâti-
ment débarqua à Cannes, celui qui avait déjà tant
de fois vaincu l'Europe; personne ne douta du succès
qui attendait ce conquérant toujours heureux.

L'armée entière revola sous vos drapeaux : oui,
l'armée vous fut fidèle; la nation seule, dont vous
ne respectâtes pas assez les droits, resta morne et
silencieuse après votre désastre. La force ne suffit pas;
la liberté seule est invincible, et vous l'avez refusée à
la France.

Au milieu de notre naufrage commun, ma tête
fut immolée à l'aristocratie française et à la fureur
des rois. Une dure captivité et des fers furent réservés
à celui qui avait pardonné à tant de souverains vaincus, et vous allâtes expier votre gloire sur un rocher,
au milieu des flots de l'Océan.

NAPOLÉON.

Ce n'est jamais ceux qui fondent des Empires qui
en recueillent les avantages et la gloire : nous avons
été sacrifiés à la grandeur de la France; elle gémira
encore quelque temps sous des rois faibles, inca-
pables, qui voudront envain rappeller les temps de
l'ancienne chevalerie. Elle a enfin le sentiment de sa
force et de sa puissance Son génie peut encore être

comprimé, mais il se fera jour ; il s'élancera dans la carrière ouverte devant lui. J'ai, pour ma part, un peu contribué à ouvrir cette carrière. Encore une génération, et les enfans de l'Empire se rappelleront avec orgueil ce qu'ont fait leurs pères, et voudront être dignes d'eux. Notre postérité n'aura pas à rougir de nous ; une année de revers ne fera pas oublier les vingt campagnes mémorables qui l'ont précédée ; nous serons l'honneur de la France.

Cherchez dans cette enceinte les cent rois qui l'ont gouvernée, vous découvrirez à peine un Henri IV dans cette foule obscure de souverains, tandisque notre siècle a vu arriver ici le plus brillant cortége d'hommes distingués dans tous les genres. Consolons-nous de notre infortune : si nous sommes tombés sous la hache meurtrière des rois, nous laissons une postérité qui saura nous venger.

Treizième Entretien.

Napoléon, Cambacérès et Fontanes.

NAPOLÉON.

Le jugement des contemporains est porté sur mon administration et ma vie politique. Ce que j'ai recueilli de gloire et de blâme, une bonne partie doit en être attribuée au concours de vos lumières et de votre expérience. Je sens aujourd'hui que ma jeunesse, pleine de sève, d'énergie, d'enthousiasme, avait besoin d'être modérée par des conseillers sages et prudens ; leurs courageuses remontrances m'auraient empêché de commettre bien des fautes. L'encens de l'adulation qui fumait constamment autour de mon trône a fini par m'enivrer ; comment aurais-je pu résister à tant d'éloges pompeux, à ceux surtout qui sortaient du temple des lois et des sciences, où l'austère et franche vérité devrait seule se faire entendre.

FONTANES.

C'est à moi que s'adressent ces reproches d'un souverain que la flatterie a perdu : j'ai été, je l'avoue, l'enthousiaste admirateur de votre règne. Je croyais qu'on ne pouvait mettre à sa place rien d'aussi beau. Voyant une autorité aussi forte, aussi heureuse, j'étais loin de penser à la balance des pouvoirs tutélaires et conservateurs, qui auraient assuré la durée d'un aussi bel Empire.

J'étais chargé de diriger la partie de l'administration qui influe le plus sur la gloire et le bonheur d'une nation. En y réfléchissant depuis, j'ai vu que deux grandes influences la dominaient : un esprit trop militaire, un esprit presque jésuitique. Il y avait antipathie entre ces deux esprits ; aussi, avez vous vu cette différence d'opinions qui a nécessairement existé entre les élèves sortis des écoles de l'Empire ; les uns, doués d'un sens juste et observateur, ont marché avec leur siècle; les autres, cédant au pouvoir des idées religieuses, se sont trouvés tout disposés à aller se ranger plus tard sous les bannières d'une Congrégation. Il nous fallait un enseignement plus libre, plus libéral. Les professeurs, restreints à une discipline minutieuse, n'apparaissaient plus à leurs élèves avec cette grandeur, cette dignité, qui accompagnaient dans leurs chaires les orateurs et les philosophes de la Grèce. L'ancienne Université, malgré sa vieillesse, avait quelque chose de plus grand, de plus auguste que la nôtre.

CAMBACÉRÈS.

J'ai aussi ma part dans les reproches que vous nous adressez. Je n'ai qu'une réponse à faire : vous êtes un homme dont le nom seul déconcerte et dérange toutes les idées connues. Une âme noble, grande, élevée, ne pouvait proposer que des choses étonnantes, extraordinaires. Le génie n'aime pas à être arrêté dans ses élans. Nous vous connaissions ce caractère impétueux, qui sait marcher à travers tous les obstacles et les surmonter. Le reproche le plus fondé qu'on ait fait à votre gouvernement, c'est de n'avoir pas assez respecté les franchises, les libertés de la France. Au moment où vous prîtes les rênes de l'État, il était peut-être nécessaire, pour calmer la fureur des parties et mettre fin à l'anarchie qui nous dévorait, de suspendre momentanément une partie de ces franchises et des libertés; mais lorsque tous les germes de dissention furent éteints, lorsque les lois eurent repris toute leur force; il était digne d'un héros en qui on admirait autant les connaissances philosophiques que les connaissances militaires, de rétablir des droits contre lesquels on ne prescrit pas.

NAPOLÉON.

Entraîné hors de la France par des guerres qui se succédaient, j'ai pu difficilement m'occuper d'améliorer notre législation. Il fallait une paix profonde pour songer à la réforme entière des lois : j'aime à croire que les années tempérant l'effervescence de ma jeunesse, j'aurais pu, pour peu que vous eussiez eu le courage de me dire la vérité, revenir à des idées de philanthropie, de liberté, dont la vie des camps m'avait fait perdre l'habitude et le souvenir.

J'aimais la France, je l'idolâtrais, je la voulais florissante; c'est le temps qui m'a manqué pour exécuter ce que je méditais pour la rendre telle. Si les projets qui existaient dans ma tête seule se fussent réalisés, ils auraient étonné le monde entier. Pour la ruine de ces beaux projets, les rois de l'Europe sont venus rasseoir les Bourbons sur un trône qui les avait repoussés : ils ne pourront s'y maintenir.

Je disais avec une grande vérité, à mon retour de l'Ile-d'Elbe, que dans leur exil *ils n'avaient rien appris ni rien oublié.* Eh bien! on peut dire encore avec autant de vérité, qu'à leur seconde rentrée, avec la grande leçon qu'ils avaient reçue, *ils ont beaucoup appris*, et que depuis *ils ont tout oublié*. La France se vengera de son humiliation et des dédains orgueilleux d'une aristocratie incorrigible. On marche sous le joug, calme, silencieux, mais la révolution française aura une dernière tempête après laquelle la liberté renaîtra enfin.

Il s'est trouvé des enthousiastes, des fous, qui songeaient au rétablissement de ma dynastie, mais le fils de Napoléon, élevé par des prêtres à la cour de Vienne, sous l'influence de l'orgueil autrichien, n'a jamais pu aspirer à la gloire de régner sur des Français. Cet aveu, cette franchise de la part d'un père, doit être de quelque poids, de quelque autorité.

Les Bourbons courent de nouveau à leur perte; ils sont mal assis sur leur trône auquel ils s'accrochent de toutes les manières; ils tomberont de leur propre poids.

Quatorzième Entretien.

Napoléon, le Général Foy, Benjamin Constant, Casimir Périer et le Général Lamarque.

NAPOLÉON.

Depuis ma chute, de grands événemens se succèdent en France, et ils descendent ici bien rapidement, les acteurs qui y ont figuré avec gloire : ce sont des noms aussi honorés au Sénat qu'à l'armée. Les généraux de Napoléon ont montré autant d'énergie à défendre la liberté qu'à soutenir l'honneur des armes françaises.

LE GÉNÉRAL FOY.

Il a retenti sur ces bords, le dernier cri de la liberté de la France; elle jouit enfin, après quinze années de combat opiniâtre, du triomphe qu'a préparé notre généreuse opposition. Le petit nombre qui garnissait nos rangs ne nous a pas effrayés; nous avions pour nous les principes et la vérité. C'était pour le peuple que nous étions sur la brèche, nous voilà avec un roi populaire sur le terrain de 89.

Quand j'ai vu le prince que la France avait choisi, j'ai cru enfin à sa grandeur et à sa prospérité que j'avais à peine osé entrevoir dans le lointain : je me suis rappelé l'accueil que me fit à son retour de l'exil, ce Bourbon si long-temps ballotté par la fortune; je me suis rappelé ces suaves entretiens, ces épanchemens d'une âme élevée, cette politique noble et généreuse, à laquelle il s'abandonnait sans réserve sous les silencieuses allées de Neuilly.

Qui aurait pu prévoir, à cette époque, que le jeune prince qui, le premier, arbora le drapeau tricolore, serait appelé par la voix du peuple au trône des Français? C'eût été alors un beau rêve; eh bien! il s'est réalisé. Le héros de Walmy et de Jemmapes reprend pour l'achever l'œuvre de 89. Il retrouve encore, et sans doute il va rassembler autour de lui les illustres compagnons de ses premières campagnes de la liberté. Je le vois donner la main et l'accolade fraternelle au héros des deux mondes, à celui qui n'a jamais déserté la cause du peuple. Je vois le roi-citoyen monter sur un trône populaire, sans faste, sans luxe, bannissant à jamais l'orgueil et l'étiquette des cours, conservant les mœurs simples, qui ont toujours fait sa plus belle parure. Je le vois ne respirant que ce qui est grand et généreux, favoriser toutes les améliorations, toutes les industries; écouter, solliciter même les vœux de l'opinion publique. Je le vois se montrer, vis-à-vis des rois de l'Europe, le digne souverain d'un peuple libre, et replacer enfin la France au rang qu'elle doit occuper dans la diplomatie européenne.

Pour la première fois, depuis que je suis arrivé sur ces bords où reposent tant de célébrités, j'ai regretté de ne plus l'habiter, cette France, cette belle patrie, trop long-temps battue par les tempêtes politiques, mais qui va enfin être heureuse sous un prince qui n'oubliera pas, qui ne fera pas mentir sa jeunesse passée sous le drapeau et les tentes de la liberté. Voilà, mes amis, les délicieuses émotions que j'éprouve, voilà la brillante perspective qui s'ouvre à mes yeux.

BENJAMIN CONSTANT.

J'ai été témoin, j'ai été acteur, au dernier combat du despotisme; je l'ai vu tomber avec sa garde prétorienne sous le débordement d'un peuple avili et outragé, qui volait à la défense de ses droits à travers des flots de sang.

On vint nous offrir un prince avec un drapeau tricolore : l'illusion était belle, elle devait nous séduire. On voyait là quelques hommes de 89, mais ce n'étaient pas eux qui avaient l'influence : après les tempêtes on voit les insectes dévorans surgir de tous côtés; les hyppocrites, les ambitieux s'emparent du mouvement, et au lieu de remonter, de reprendre le chemin de 89, on nous fait rétrograder, on nous amène adroitement à continuer 1830.

Allez leur demander ce qu'ils ont fait, au bout de quelques mois, de nos collègues, de nos amis, de Lafayette, de Dupont de l'Eure, etc.; ce qu'ils ont fait du 14 juillet, ce qu'ils ont fait du Panthéon, ce qu'ils ont fait de la Belgique, de l'Italie, de la Pologne !

Je sentais mon corps affaissé par de longs travaux, disposé à reprendre de nouvelles forces, une nouvelle énergie, à la vue de ma patrie enfin libre et heureuse; mais quand j'ai vu les ruses, les roueries, les déceptions; quand j'ai vu remonter à peu près tous les rouages de la restauration, mon énergie m'a abandonné, tous mes ressorts se sont détendus, et j'ai été cacher dans la tombe ma douleur et mes regrets.

CASIMIR PÉRIER.

C'est le sort de toutes les âmes fortes de se briser plutôt que de plier sous les événemens. Après la révolution de juillet j'ai été appelé pour la régulariser et la consolider. J'ai été d'avis qu'il fallait arrêter ou au moins retarder un mouvement qui tendait à se développer avec trop de force. La Charte était la seule boussole de mon ministère; je me suis concentré dans son enceinte comme dans un camp retranché où je repoussai toutes les attaques dirigées contre elle. La légalité, voilà le seul levier que je voulais employer, mais j'ai éprouvé deux résistances qui ont fini par me tuer. La première venait des libéraux qui n'avaient pas assez de confiance dans mon administration. La deuxième venait de plus haut; j'étais contrarié dans mes mouvemens, et une volonté trop

puissante dérangeait le plan de conduite que je m'é-
tais tracé. Contre ces deux écueils, j'ai dû venir me
briser. J'ai voulu le bien, et cependant je serai peut-
être soupçonné d'avoir été l'ami et le fauteur du despotisme. Vous avez connu mes principes et mes convictions dans un tems où il y avait quelque courage
à les manifester.

LE GÉNÉRAL LAMARQUE.

Trompés par Napoléon, je dois le dire devant lui,
par Napoléon, qui sous des arcs de triomphe nous
donna le despotisme au lieu de l'indépendance; trompés par l'ancienne dynastie, qui, à l'ombre d'une
charte mensongère, nous imposa les lois de l'absolu-
tisme et du bon plaisir; trompés par la nouvelle dynastie, qui, oubliant son origine et ses promesses,
nous marchande une à une toutes nos libertés, pou-
vons-nous espérer de voir arriver la France à cet état
de splendeur auquel elle a droit après tant de sacri-
fices?

J'ai vu, après les journées de juillet, l'horizon se
rembrunir de nouveau; j'ai vu pâlir et presque
s'éteindre les beaux feux de la liberté; mais j'avais vu
un instant ma patrie libre, j'ai cru avoir assez vécu.

Une jeunesse trop ardente a voulu honorer les
cendres d'un ami de son pays, et on a ensanglanté
ma tombe; on a immolé dessus des victimes hu-
maines.

LE GÉNÉRAL FOY.

Est-ce que vous voudriez me faire revenir de l'opinion avantageuse que je me suis formée sur le prince qui gouverne aujourd'hui la France? Je l'ai vu de trop près pour ne pas connaître à fond ses véritables sentimens. L'hyppocrisie, la duplicité serait-elle faite pour une si grande âme? La nation est là : pensez-vous qu'il voudrait la braver ? Le plus difficile n'est pas de faire une révolution , mais de la bien conduire à sa fin : il ne faut se laisser déborder par aucun parti. Si le Gouvernement est national , il les aura bientôt réunis tous; s'il ne l'est pas, laissez-le marcher, il tombera de lui-même. Celui de Napoléon ne l'était pas, et il est tombé. Celui de Charles X ne l'était pas, il est tombé aussi. Celui de Louis-Philippe ne l'est pas encore assez : il le deviendra , ou il aura le même sort.

BENJAMIN CONSTANT.

Il ne faut pas deux ans pour juger la marche d'un Gouvernement. Nous voulons la Monarchie tempérée de 89, et nous marchons à grands pas à l'aristocratie, à une aristocratie qui sera bien plus intolérable que celle de l'ancienne noblesse. Ce que j'ai eu le courage de dire à Napoléon sur la Charte des cent jours , je je l'ai dit à Louis-Philippe sur les résultats de la révolution de 1830 : s'il m'a ouvert sa bourse, je lui ai ouvert mon cœur; je n'ai pas été compris; je lui ai parlé une langue qu'il n'entendait pas. Les honneurs que la population entière de Paris rendit à mes funérailles ont dû cependant lui prouver que je parlais la langue de la France.

L'éloignement de la cour et des fonctions publiques des amis de la liberté les plus connus ne laissent plus de doute sur les sympathies de nos gouvernans et leur tendance à la restauration.

CASIMIR PÉRIER.

Je voulais arrêter le mouvement révolutionnaire, mais je ne voulais pas étouffer la révolution. La résistance que j'ai opposée à ce mouvement m'a emporté plus loin que je ne l'avais voulu. Les hommes dont je m'entourai, les croyant des sages, des modérés, me firent rétrograder presque à mon insu. Dans cette position violente, qui me donna pour ennemis tous les patriotes, je me suis trompé sur la route que je devais prendre. Chargé du dépôt des libertés publiques, je l'ai, je dois l'avouer, défendu faiblement contre une volonté immuable, que je ne devais pas rencontrer sous un gouvernement représentatif. Ma mort, qui était inévitable après un si dur combat, a dû expier ma faiblesse.

LE GÉNÉRAL LAMARQUE.

J'ai vu, j'ai combattu les fautes de votre administration, je vous en ai prédit les suites désastreuses; je vous ai dit que c'était à Varsovie que triompherait ou succomberait la liberté européenne; je vous ai dit que la Belgique, retombant sous la protection et l'influence de l'Angleterre, vous perdiez en elle un allié puissant; je vous ai dit que vous n'aviez pas montré vis-à-vis les souverains de l'Europe, la grandeur et la dignité qui convient au peuple français. .

Qu'avez-vous été faire en Grèce? Qu'avez-vous été faire à Ancône? Qu'avez-vous été faire à Anvers? Où sont les résultats de ces trois campagnes? Vous avez été là montrer un drapeau qui devait se développer d'une autre manière ; vous avez été y enfouir inutilement nos trésors et nos soldats.

LE GÉNÉRAL FOY.

La France n'arrivera pas d'un seul jet à l'état prospère de liberté vers lequel elle marche, mais elle a déjà fait un grand trajet, depuis l'époque où son drapeau blanc conduisait en Espagne les soldats d'une nation libre, pour y renverser les Cortès et rétablir le despotisme de Ferdinand. Ces coups de force là, contre lesquels j'ai vainement alors fait retentir la tribune publique, seraient aujourd'hui impossibles. Louis-Philippe sera le restaurateur de la liberté, s'il ne veut pas en être la victime. Le tems des révolutions violentes est passé; le siècle s'instruit et s'éclaire. Il y a en France une tribune dont l'écho retentit bien loin : qu'elle soit sage , modérée, le triomphe des grandes vérités politiques est assuré : ne précipitons pas son arrivée.

BENJAMIN CONSTANT.

Oui , une nouvelle génération s'avance ; elle est dégagée des vieilles illusions , des vieux préjugés dans lesquels nos pères ont été élevés. Le levain pernicieux de la corruption qui avait pénétré dans toutes les veines du corps social, n'a pas gangréné ces jeunes cœurs, qui vont s'ouvrir à toutes les idées généreuses. Voilà nos espérances, voilà notre avenir ; voilà le riche patrimoine qui va embellir et régénérer la France. Les trente années de despotisme, tant impérial que royal, qui ont disposé, façonné à la servitude tant d'hommes ambitieux, vont perdre tous les jours de leur influence, ou au moins elle sera contrebalancée par l'ascendant d'une éducation plus nationale qui fournit tous les jours ses élèves à tous les emplois de la société. C'est cette intéressante jeunesse qui éteindra parmi nous cette soif de l'or dont les chefs et les premiers magistrats de l'Empire donnent le funeste exemple; c'est elle qui ramènera la belle simplicité et les mœurs modestes des vieilles républiques ; c'est elle enfin qui consolidera parmi nous le règne de la liberté.

NAPOLÉON.

Je viens d'entendre le récit des événemens produits par votre dernière révolution : cette révolution est le résultat et le dénoûment de 89. Aucune puissance humaine ne pouvait l'empêcher. Les épisodes de gloire, les années de honte, étaient un acheminement certain à ce beau triomphe. J'ai peut-être à me reprocher de l'avoir retardé, ce triomphe, mais il n'en sera que plus certain et plus beau.

Quinzième et dernier Entretien.
Napoléon et Lafayette.

NAPOLÉON.

Le grand concours qu'excite votre arrivée dans les Champs-Élysées ne peut me trouver froid et indifférent. Je suis l'ami de tous ceux qui ont honoré le nom français, et personne plus que vous ne peut présenter ici une vie longue, pure, sans tache, consacrée toute entière à la liberté sous l'un et l'autre hémisphère. Les rois, les conquérans même envient votre gloire. Vous avez retrouvé et défendu jusqu'à votre dernière heure les titres du genre humain perdus depuis long-temps.

LAFAYETTE.

La lutte que j'ai soutenue est une lutte de conviction et d'honneur ; elle m'a conduit à travers mille dangers aux prisons d'Olmutz d'où je suis sorti au bout de cinq ans (j'ai toujours aimé à le reconnaître) par la généreuse intervention du vainqueur de l'Italie. De ce jour-là, le sort de la France était entre vos mains ; ce sort pouvait être le plus beau qu'ait jamais obtenu une nation, mais la liberté n'était pas au Caire, aux Pyramides, elle était à Paris : c'est là qu'il fallait l'établir et la défendre. La liberté n'était pas à Saint-Cloud au 18 brumaire, où le sabre dispersait la représentation nationale. La liberté n'était pas dans un corps législatif de muets, dans un Sénat de généraux et de rois, dans un Consulat qui était loin de rappeler les beaux jours de Rome, le Consulat des Paul-Émile et des Scipion. La liberté n'était pas dans l'immense empire d'un nouveau Charlemagne, qui paraissait vouloir engloutir l'Europe. Les conquêtes ont donné des fers, quand ont-elles donné la liberté?

C'est dans l'asile inviolable de la vérité que je me permets de vous dévoiler ainsi toute ma pensée. Lorsque vous étiez dans toute votre splendeur et à l'apogée de la gloire, je me contentais de pleurer dans ma retraite sur la perte de nos libertés : je n'élevai pas alors une voix importune. Il y avait dans votre administration une grandeur, une dignité, une sagesse même à laquelle je savais rendre hommage, et je regrettais qu'Annibal ne fut pas un Scipion.

NAPOLÉON.

J''ai été beaucoup plus loin que je ne pensais : le vent de la prospérité et de la gloire a continuellement enflé les voiles de mon vaisseau : il devait rencontrer un écueil qui le brisât. N'allez pas croire qu'au milieu de tant de projets gigantesques que je méditais, il ne se mêlait pas des idées de liberté que je voulais réaliser plus tard. Je n'étais ni un Alaric, ni un Tamerlan; je voulais civiliser et non détruire. Encore quelques années, et l'Europe aurait été fière de ses rois : il y aurait eu entre eux fraternité de gloire et de bonheur; mon plan réalisé, j'aurais fermé le temple de Janus, et je n'aurais plus songé qu'au triomphe des sciences et des arts.

LAFAYETTE.

Ce ne sont pas les âmes élevées et généreuses qui ont enfanté le despotisme ; il a pris naissance dans un cœur dégoûtant de vices et de passions. Il y a toujours quelque chose de grand à attendre du génie.

J'ai moins souffert, je dois l'avouer, sous votre Empire, qui avait immolé à la gloire toutes nos libertés, que sous les gouvernemens qui l'ont suivi : ils ont donné à la France un simulacre de liberté qui valait moins qu'un beau despotisme. Cette France malheureuse, toujours confiante, toujours trahie, venait de relever et de planter de nouveau sur son sol le drapeau de l'indépendance. Le vétéran de la liberté devait se trouver là ; j'y apportais mes vieilles convictions, mon vieil amour de la patrie. Quelques jours se passèrent, et sous la royauté d'un des fils de la révolution, je retrouvai les velléités du despotisme, vos propres doctrines qui ont filtré dans nos institutions et dans nos lois. Je les trouvai là vos doctrines, mais je ne trouvai pas un Napoléon, et je suis de nouveau rentré dans ma retraite où la mort est venue bientôt me consoler des illusions, des chagrins, des déboires que causent la perfide dissimulation et l'hypocrisie des rois.

NAPOLÉON.

Je l'ai prédit à Sainte-Hélène : *Avant trente ans la France sera une République ou une province russe.*

FIN.

TABLE

DES MATIÈRES.

BIBLIOTHEQUE ROYALE
I